등장인물

### 숙자

어쩌다 노숙자가 된 지는 모른다.
발길 닿는 곳 이곳저곳을 떠도는데
착한 성품 덕분에 뜻하지 않게 도움을 받곤 한다.

### 미니
대식가 집안의 유일한 손녀!
푸먹초 먹짱이다. 맛있는 음식을 너무 좋아해서
음식만 보면 흥을 주체하지 못한다.

###  로기
푸먹초의 전교 일등!
무뚝뚝한 집안에서 자라 과묵하지만
은근히 자상해 인기가 많다.
미니를 좋아한다.

## 학교 친구들

푸먹초에 다니는 유쾌하고 명랑한 친구들!
미니, 로기와 함께
가끔 먹방에 참여하기도 한다.

## 미니 가족들

세상의 모든 음식을
먹어 치우는 대식가 가족.
말썽쟁이 미니에게
아낌없는 사랑을 주는
든든한 가족이다.

## 로기 가족들

무뚝뚝하고 카리스마 넘치는 외모의 소유자들이다.
하지만 겉으로 보이는 외모와는 달리
각자의 방식으로 외동아들 로기를 살뜰히 보살핀다.

 # 푸먹's 메뉴

## 1장 단짠단짠 길거리 음식 편

1화 하늘에서 라면이 내려온다면 ············ 12
2화 우연히 만난 핫도그 ············ 16
3화 포장마차 떡튀순은 못 참아! ············ 20
4화 학교 앞 분식집 먹방 ············ 24
떡볶이의 이모저모 ············ 30
한입 더! 오래 묵어야 맛이 나는 고추장의 유래 ············ 31

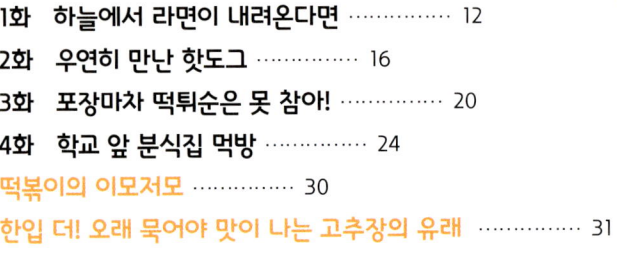

## 2장 영양 만점 학교 급식 편

5화 쫀득쫀득 급식 탕수육 ············ 34
6화 짜장 볶음밥과 따끈한 어묵 우동 ············ 38
7화 부드러운 크림 카레 우동 ············ 42
8화 방과 후, 무인 라면 먹방 ············ 48
급식의 길고 긴 역사 ············ 54
한입 더! 우리 몸에 꼭 필요한 영양소 ············ 55

## 3장 정성 가득 집밥 편

9화 시골 할머니의 백숙 ············ 58
10화 할머니표 시골 집밥 ············ 62
11화 늦은 밤, 밥 한 스푼에 라면 한 젓가락 ············ 66
12화 김장하는 날 수육 먹방 ············ 70
13화 아플 때 따끈따끈한 죽 ············ 74
14화 대식가 가족의 푸짐한 집밥 한 상 ············ 80
15화 보들촉촉 치즈 함박 스테이크 ············ 86
밥이 약보다 낫다? ············ 92
한입 더! 고래 따라 먹은 음식 미역국 ············ 93

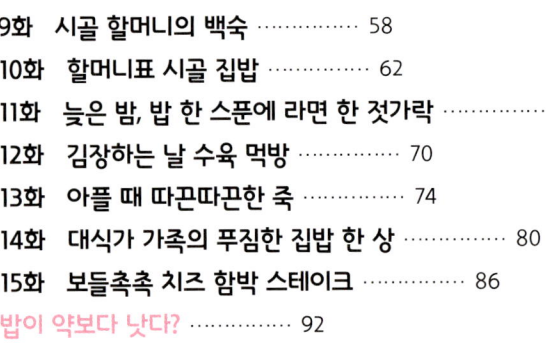

## 4장 짜릿짜릿 외식 편

- 16화  어쩌다 햄버거 ............... 96
- 17화  햄 가득 부대찌개 ............... 100
- 18화  모자의 단란한 초밥 먹방 ............... 106
- 19화  추억의 양념갈비와 시원한 물냉면 ............... 112
- 20화  대왕 점보 라멘 먹방 ............... 118
- 21화  육즙폭발 스테이크 ............... 124
- 22화  먹짱들의 위대한 대결! 왕돈가스 ............... 130
- 햄버거라는 이름에 얽힌 이야기 ............... 136
- 한입 더! 패스트푸드만 먹고 살 수 없나요? ............... 137

## 5장 무인도 생존 편

- 23화  바다의 쓴맛 미역과 코코넛 ............... 140
- 24화  겉바속촉 문어구이 ............... 144
- 25화  무인도식 씨푸드 뷔페 ............... 148
- 원시인은 무엇을 먹었을까? ............... 152
- 한입 더! 세계의 다양한 음식과 문화 ............... 153
- 푸먹's 레시피 ............... 154
- 푸먹's 낱말 퍼즐 ............... 155

"오늘은 또 무엇을 먹을까?"

# 1장
# 단짠단짠 길거리 음식 편

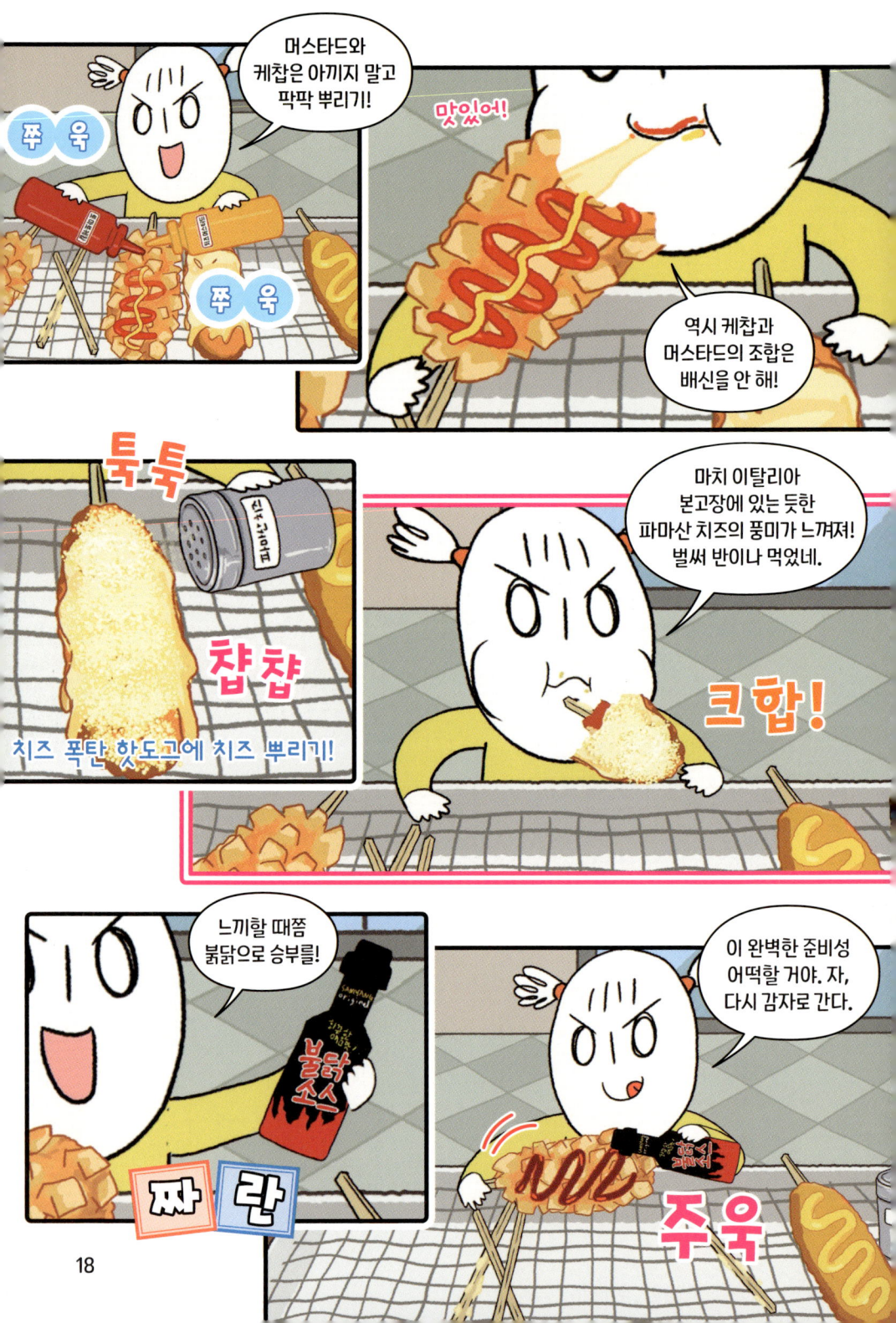

찌르르
시작됐다!! 매콤한 불꽃놀이!! 온몸에 불꽃이 터지는 것 같아! 고막까지 떨리는 맛!!
케첩
후덜덜
설탕
쓰으읍
혀에서 한 번! 목구멍에서 한 번! 매운 맛이 펑! 펑!
쓰읍!
꿀꺽
Cola
꿀꺽
이 타이밍엔! 입안의 불바다를 잠재울 콜라 마시기!
후끈
후끈
멍!
콱!
비록 입술은 따갑지만, 아주 좋은 승부였어.
설탕
후다닥
멍!
어… 어? 내 핫도그 돌려 줘!

헤헤, 잘 먹겠습니다!

오늘 메뉴는 떡튀순!

새우 튀김 맛 제대로다. 이 집 튀김 잘하네.

바사삭

순대가 실하네. 얇은 피와 쫄깃한 당면이 적당하게 조화로워.

짭 짭

후르릅 후릅

튀김이랑 순대로 준비 운동을 했더니 국물이 졸아서 꾸덕해졌군! 양념을 잔뜩 머금은 떡볶이가 소스를 타고 부드럽게 넘어가.

앗! 김밥을 잊고 있었네? 너희들은 이 빨간 양념에 마구 적셔 주마!

데굴 데굴

풍미 있게 감도는 고소한 참기름 향! 완벽한 재료의 균형!

아 구
아 구

김은 눅눅한데 아삭아삭 단무지의 식감이 살아 있어!

21

# 4화 학교 앞 분식집 먹방

# 떡볶이의 이모저모

누구나 매콤~ 달짝지근한 떡볶이를 사 먹어 본 기억이 있을 거예요. 어디서든 쉽게 볼 수 있는 떡볶이는 한국의 대표적인 길거리 음식이지요. 그만큼 친숙하지만 과거에는 지금처럼 쉽게 먹을 수 없는 고급 음식이었다고 해요. 우리나라 대표 간식인 떡볶이의 역사를 함께 알아볼까요?

##  떡볶이는 원래 빨갛지 않았다고?

'떡볶이'하면 새빨간 빛깔의 매콤달콤한 고추장 맛을 떠올리지요. 하지만 조선 시대까지 과거를 거슬러 올라가면, 떡볶이가 우리가 알고 있는 모습과 많이 다른 걸 알 수 있어요. 우리나라에 가장 처음 등장한 떡볶이는 궁중 떡볶이였어요. 궁중 떡볶이는 간장에 볶아 낸 떡볶이로 흰떡과 참기름, 파, 석이버섯 같은 재료를 사용해 만들었지요. 구하기 힘든 재료를 사용했기 때문에 당시 백성들은 먹기 힘든 고급 요리였답니다.

## 실수로 탄생한 음식, 떡볶이!

그렇다면 언제부터 빨간 떡볶이를 먹기 시작했을까요? 1953년, 신당동에서 보따리장수를 하던 마복림 할머니는 중국 음식점을 방문했어요. 짜장면을 시켜 먹던 중에 개업 기념으로 받은 떡을 짜장면 그릇에 빠뜨리고 말았지요. 그런데 짜장 소스가 묻은 떡의 맛에 반해 버린 할머니는 비싼 짜장 소스 대신 고추장을 섞어 '고추장 떡볶이'를 만들어 냈어요. 이 고추장 떡볶이가 지금 우리가 아는 빨간 떡볶이가 된 것이지요!

▲『조선요리제법』(방신영, 1942)에 나온 궁중 떡볶이

▲1953년 개발된 고추장 떡볶이

> 한입 더!

# 오래 묵어야 맛이 나는 고추장의 유래

고추장은 한국의 대표적인 전통 양념이에요. 단맛이 나는 엿기름과 매콤한 고춧가루가 들어가 짠맛, 단맛, 매운맛이 고루 느껴져 독특한 맛을 자랑하지요. 과연 고추장은 언제, 왜 만들어졌을까요?

## 간장, 된장보다 늦게 만들어진 고추장

우리나라에 고추가 들어온 것은 임진왜란이 일어날 무렵인 1500년대 말이에요. 처음 고추가 들어왔을 때는 직접 먹다가, 17세기 후반부터 고추를 가루로 만들어 후추, 초피나무 껍질인 천초 등과 함께 매운맛을 내는데 사용했지요. 이후 된장에 매운맛을 더하려고 고춧가루를 섞으면서 고추장이 만들어졌어요. 삼국 시대 전부터 있었던 간장이나 된장에 비하면 훨씬 늦게 만들어진 셈이지요.

## 콩으로 만든 발효 식품

간장, 된장, 고추장은 우리나라의 전통 조미료라고 할 수 있어요. 이것들을 만드는 기본 재료는 콩과 소금이에요. 예로부터 '밭에서 나는 고기'로 여겨진 콩은 단백질이 풍부한, 몸에 좋은 식품이지요. 콩을 발효시켜 만든 간장, 된장, 고추장은 오래 묵을수록 맛이 더욱 좋고 건강에도 좋아요.

▲매콤한 고추장이 담긴 항아리

### ★ 발효란? ★

우유에 유산균을 넣고 온도를 맞추면 요구르트로 변하는 것처럼 음식의 성분이 새롭게 변하면서 맛과 영양이 살아나는 과정을 말해요.

# 2장
# 영양 만점 학교 급식 편

# 부드러운 크림 카레 우동

꼬들 꼬들

먹방으로만 보던 라면을 드디어…! 눈물 날 것 같아.

하, 맛있다!! 이 맛이야!!!

츄르릅

꼬들꼬들한 짜장 라면엔 핫바지!

후 릅

탱글

탄산으로 시원하게 뚫어 주자.

꿀꺽 꿀꺽

온다… 온다…!

왔다! 중독적인 매운 맛!

와구 와구 화륵

쏩하~

# 급식의 길고 긴 역사

학교에 다니면서 가장 기다려지는 시간은 언제인가요? 아마도 급식 시간이겠지요? 하지만 옛날에는 지금과 같은 모습은 아니었대요. 오랜 시간을 걸쳐 점차 발전하면서 오늘날처럼 다양한 형태로 운영되고 있지요. 과연 급식은 언제 시작되었고, 어떻게 발전했을까요?

##  우리나라 최초의 급식, 빵

조선 시대 기록을 살펴보면 "사부학당의 학생들에게 한 끼니 식사를 항상 주고, 아침부터 저녁까지 토론하며 책을 읽게 하였다."라는 문장이 있어요. 학자마다 급식의 시작점을 다르게 보기도 하지만, 이 기록을 보면 조선 시대에도 학생들에게 식사를 주었다는 것을 알 수 있지요. 본격적으로 학교 급식이 시작된 건 1950년대예요. 한국 전쟁이 끝나고 우리나라가 어려움을 겪고 있던 시점이었지요. 당시에는 국제기구의 도움을 받아 밀가루로 만든 빵을 급식으로 주었어요.

##  급식의 발전

1973년부터는 국제기구의 도움이 종료되고 우리나라 정부와 학부모들의 힘으로 빵을 급식하는 학교들이 있었어요. 이렇게 급식이 점점 확대되던 중에, 1977년 식중독 사고가 일어났어요. 서울 지역 학교에서 급식으로 나온 크림빵을 먹은 학생들이 집단으로 배가 아프거나 설사를 하기 시작했거든요. 이 사건을 통해 1981년에는 학교 급식을 법적으로 관리할 수 있도록 「학교급식법」이 제정되었답니다. 1998년부터는 전국 모든 초등학교에서 급식을 실시하게 되었어요. 물론 급식의 위생뿐 아니라 영양까지도 신경 쓰게 되었지요.

▲1990년대부터 크게 확대된 학교 급식

▲2000년대 이후 발전되고 있는 급식

> 한입 더!

# 우리 몸에 꼭 필요한 영양소

음식을 골고루 먹어야 한다는 말을 들어본 적 있나요? 음식 속에 있는 다양한 영양소는 우리 몸에 흡수되어 키도 쑥쑥 자라게 해 주고, 튼튼하게 해 줘요. 우리를 건강하게 만드는 영양소에 대해 알아볼까요?

##  우리 몸을 구성하는 영양소

스스로 양분을 만들어 살아가는 식물과 다르게, 인간과 같은 동물은 먹을 것을 섭취해 생명을 유지해요. 이렇게 음식을 먹어 생명을 유지하는 일을 '영양'이라고 하고, 생명을 유지하려고 먹는 물질을 '영양소'라고 하지요. 우리 몸의 중요한 영양소에는 탄수화물, 지방, 단백질, 무기질, 비타민, 물 등이 있어요. 이 중에서도 탄수화물, 단백질, 지방은 특히 중요해서 '3대 영양소' 라고 불러요.

##  중요한 에너지원, 탄수화물

탄수화물은 밥이나 빵, 과일 등에 들어 있어서 우리 몸에서 소화되면 포도당이 돼요. 이 포도당은 세포들이 일하는 데 필요한 에너지를 공급해 주지요. 특히 뇌는 포도당을 에너지로 사용하는데, 아주 많은 양을 사용한답니다. 탄수화물은 근육과 뇌는 물론 온몸의 세포 하나하나를 움직이게 하는 우리 몸의 중요한 에너지원이에요.

★ 살이 찌는 이유는? ★

음식물에서 나온 영양소는 몸을 구성하고 에너지를 만드는 데 사용돼요. 이때 사용하고 남은 영양소를 지방의 형태로 저장하지요. 만약 필요한 양보다 더 많은 음식을 먹게 되면 지방이 쌓여서 살이 찌게 된답니다.

▲영양소가 풍부한 음식

# 3장
## 정성 가득 집밥 편

# 11화 늦은 밤, 양푼 비빔밥에 컵라면 먹방

# 15화
## 보들촉촉 치즈 함박 스테이크

얘들아 이해했니?

이건 조금 어렵다….

다시 한번 쳐 보자. 리듬 맞춰 가면서~.

네…!

오늘따라 중심을 잡기가 힘드네….

# 밥이 약보다 낫다?

"밥이 약보다 낫다"라는 말을 들어 본 적이 있을 거예요. 상처나 병을 낫게 하는 약보다 밥이 우리 몸에 더 이롭다는 뜻이지요. 밥은 단순히 배를 채우는 음식이 아니라, 하루하루를 힘차게 살아갈 수 있게 하는 에너지원인 셈이에요. 오래 전부터 주식이 되어 온 밥은 과연 언제부터 먹었을까요?

##  쌀밥의 기원

쌀은 벼의 열매로, 우리 조상들이 벼농사를 지으면서부터 쌀밥을 먹었어요. 벼농사는 신석기 시대부터 짓기 시작했지요. 삼국 시대에는 주로 조, 수수, 콩 등으로 밥을 해 먹다가 벼농사를 짓기 시작하면서 쌀밥을 먹었어요. 하지만 당시 쌀은 무척 귀하고 비쌌기 때문에 누구나 먹을 수는 없었어요. 쌀밥은 왕과 귀족들이 먹었고, 일반 백성들은 잡곡밥을 주로 먹었지요. 그러다 조선 시대에 이르러서야 일반 백성들도 쌀밥을 먹을 수 있었어요.

##  밥의 영원한 짝꿍, 국

국물 요리는 한국 사람들에게 밥 다음으로 중요한 음식이에요. 국, 탕, 찌개, 전골 등 수많은 종류의 국물 요리가 있으며 기념일에도 국물 요리가 빠지지 않지요. 생일날 먹는 미역국, 설에 먹는 떡국, 추석에 먹는 토란국, 결혼식에 먹는 갈비탕과 잔치국수까지. 먹을 것이 넉넉하지 않았던 옛날에는 국에 밥을 말아서 뚝딱 한 끼를 해결하기도 했어요. 쌀밥에 국물을 곁들이면 더욱 맛있게 먹을 수 있을 뿐 아니라 국물에 다양한 재료가 들어가 부족한 영양분을 채울 수 있기 때문이었지요.

▲벼농사를 지으면서 쌀을 먹기 시작한 우리 민족

▲국물 요리가 발달한 한국

> 한입 더!

# 고래 따라 먹은 음식 미역국

우리는 생일이 되면 미역국을 먹는 풍습이 있어요.
미역국이 '태어난 날'을 상징하기 때문이지요.
아기를 낳은 산모가 가장 먼저 먹는 음식도 미역국이에요.
그 많은 음식 중에 하필 미역국을 먹는 이유는 무엇일까요?

 ## 미역은 고래의 음식이다?

옛날 옛적 어떤 사람이 바다에서 헤엄을 치다가 고래 한 마리를 보게 되었어요. 그런데 가만 보니 고래가 새끼를 낳는 게 아니겠어요? 고래는 새끼를 낳자마자 입을 크게 벌리더니, 미역을 뜯어먹었어요. 새끼를 낳은 고래가 미역을 먹고 기력을 회복하는 모습을 본 사람들은 산모에게도 미역을 먹게 했어요. 그 결과 지금까지 미역을 먹는 풍습이 생기게 되었지요.

 ## 바다의 채소 '미역'

실제로 미역은 산모에게 좋은 풍부한 영양분이 들어 있어요. 미역에 들어 있는 칼슘과 요오드 같은 무기질은 산후 늘어난 자궁 수축에 도움을 주어요. 또 철분, 칼슘, 아이오딘이 풍부하여 신진대사를 촉진시키고, 회복에 좋아요. 그래서 출혈이 많은 출산 후에 미역을 먹으면 좋지요. 섬유질인 알긴산이 풍부해 소화 작용에 큰 도움을 주어 변비에도 좋지요.

### ★ 신진대사란? ★

우리가 먹은 영양물질을 몸 안에서 분해하고, 합성하여 생명 활동에 쓰는 물질이나 에너지를 생성하기도 하고, 필요하지 않은 물질을 몸 밖으로 내보내는 작용을 말해요.

▲출산 후 미역을 먹는 고래

## 4장

## 짜릿짜릿 외식 편

# 17화 햄 가득 부대찌개

# 18화 모자의 단란한 초밥 먹방

# 19화 추억의 양념갈비와 시원한 물냉면

# 20화 대왕 점보 라멘 먹방

그리고 또 다음 날…

# 21화 육즙폭발 스테이크

기다리는 중…

언제 오시려나~.

다녀왔소.

다녀오셨어요.

그동안 잘들 지냈는가.

# 햄버거라는 이름에 얽힌 이야기

햄버거는 잘 알다시피 쇠고기를 갈아 납작하게 만든 패티를 빵 사이에 끼워 먹는 음식이에요. 미국의 대표적인 패스트푸드지요. '햄버거'라는 이름 때문인지 종종 햄버거에 햄이 들어간다고 생각하는데, 햄버거는 햄과 관련이 없는 음식이에요. 햄버거라는 이름의 유래를 알면 그 이유를 알 수 있지요.

## 햄버거가 미국 음식이 아니라고요?

서양 음식으로 알려진 햄버거는 사실 몽골에서 시작되었어요. 옛날에 몽골인들이 칭기즈 칸과 함께 세계 정복에 나설 때 고기를 얇게 저며 가지고 다니며 말 위에서 간편하게 먹던 음식이었지요. 몽골인들은 이 고기를 잘게 썰어 덩어리로 만든 후 안장 밑에 넣었어요. 말이 뛸 때마다 그 충격으로 고기가 다져져 날로 먹을 수 있을 정도로 육질이 부드러워졌지요. 이 음식은 금세 유럽으로 널리 퍼지게 되었어요.

##  '햄버거'라는 이름은 어떻게 생겨났어요?

독일에 전해진 이 음식은 스테이크를 잘 만들기로 유명한 도시 함부르크의 이름을 따서 '함부르크 스테이크'로 불리게 되었어요. 1800년대 유럽 사람들이 미국으로 이민을 가면서 이 음식은 미국에도 알려졌어요. 시간이 지나자 이 음식은 미국의 전형적인 음식으로 자리 잡았어요. 미국 사람들은 '함부르크 스테이크'를 '햄버그스테이크'라고 부르다가, 마침내 '햄버거'라고 부르게 됐어요. 그렇게 햄버거라는 이름이 탄생하게 되었지요.

▲'햄'이 들어가지 않은 햄버거의 유래

▲독일 지역에서 먹던 '함부르크 스테이크'에서 유래된 햄버거

> 한입 더!

# 패스트푸드만 먹고 살 수 없나요?

패스트푸드는 'fast(빠른)'와 'food(음식)'가 합쳐진 말로 말 그대로 간편하고 빠르게 먹을 수 있는 음식을 말해요. 패스트푸드에 대해 알아보면서 보다 건강하게 즐길 수 있는 방법도 생각해 보아요.

##  패스트푸드의 함정

패스트푸드는 간단한 조리 과정을 거쳐 만들어져요. 단시간에 맛있게 조리하기 위해 대부분 튀기거나 볶아서 만들지요. 때문에 칼로리가 높아 살이 찌기 쉬워요. 특히 패스트푸드를 먹을 때 함께 먹는 탄산음료에는 많은 양의 설탕이 포함되어 있지요. 또한 필수 영양소인 비타민과 무기질을 비롯한 식이섬유 등이 부족하여 영양 불균형이 생길 수 있기 때문에 한 번에 너무 많은 양을 섭취하지 않는 것이 좋아요.

## 패스트푸드의 변화

최근 패스트푸트 체인점들은 사람들이 보다 건강하게 패스트푸드를 먹을 수 있도록 다양한 시도를 하고 있어요. 식이섬유가 풍부한 채소를 넣어 칼로리를 낮추고, 기름에 튀기지 않고 구운 고기를 사용해 지방 함량을 줄인 메뉴들이 등장했지요. 또한 샐러드나 과일 등 우리 몸에 필요한 영양소를 섭취할 수 있는 다양한 사이드 메뉴를 개발하고 있어요.

### ★ 칼로리란? ★

음식물의 영양을 측정할 때 쓰는 단위를 말해요. 우리가 먹는음식물이 소화되면서 몸 안에 생기는 열량(에너지)이지요. 음식마다 서로 다른 양의 칼로리가 들어 있어요.

▲건강한 재료가 올라간 웰빙 피자

# 5장
## 무인도 생존 편

# 23화 바다의 쓴맛 미역과 코코넛

그렇게 노동은 끝나지 않고….

# 25화 무인도식 씨푸드 뷔페

# 원시인은 무엇을 먹었을까?

사람이 살아가는 데 꼭 필요한 요소는 무엇일까요? 바로 옷과 음식, 집이에요. 이걸 '의식주'라고 하지요. 그중에서도 가장 중요한 것을 꼽으라면 아마도 음식이 될 거예요. 아주 오랜 옛날, 최초의 인간은 무엇을 먹었는지 거슬러 올라가 볼까요?

## 날고기를 먹었던 옛날 사람들

원시 시대 사람들은 아직 도구나 불을 사용할 줄 몰랐어요. 처음엔 풀, 뿌리, 곤충, 열매나 꿀 같은 먹거리를 찾아다녔어요. 그러다 가끔은 토끼나 새, 들소를 먹기도 했어요. 먹을 것을 구하기 어려울 땐 사자나 호랑이 같은 육식 동물들이 먹고 남긴 동물의 사체를 먹기도 했어요. 음식을 보관하는 방법도 몰랐기 때문에 온종일 음식을 찾아다녀야 했지요. 수백만 년 동안 인류는 열매나 잎을 따고, 물고기를 잡고, 동물을 사냥하며 떠돌아다녔어요.

##  인류 최초의 요리법

원시인들이 음식을 불에 익혀 먹는 요리법을 발견한 건 아주 우연이었어요. 바로 번개가 내리칠 때 불씨를 얻었다가, 잡은 고기를 익혀 먹는 방법이었지요. 원시인들은 그 불씨를 잘 지켰다가, 몸을 따뜻하게 하고 짐승을 쫓아내는 데에도 사용했어요. 고기나 음식물을 익혀 먹으면서 이런저런 병들이 없어졌고, 소화도 잘 된다는 사실을 알게 되었지요. 처음엔 자연에서 우연히 얻은 불을 이용했기 때문에 불을 지키는 일이 매우 중요했대요.

▲사냥과 채집으로 식량을 구하던 원시인들

▲40만 년 전, 우연히 불을 발견한 원시인들

> 한입 더!

# 세계의 다양한 음식과 문화

지구상에는 여러 민족이 다양한 자연 환경에서 적응해 살고있어요. 사람들이 그 지역의 삶에 적응하면서 음식도 제각기 다르게 형성되고 발전되어 왔지요. 어떤 나라의 식생활을 들여다 보면 그 나라가 처한 배경을 알 수 있어요. 다른 나라에서는 어떤 음식을 먹으며 어떤 문화가 발달했는지 알아볼까요?

## 하루 두 끼만 먹는 케냐 마사이족

우리는 보통 하루 세 끼를 나누어 식사를 해요. 하지만 모든 사람들이 세 끼를 모두 먹는 건 아니에요. 케냐 마사이족은 농사를 짓기 힘든 아프리카의 척박한 환경 때문에 매 끼니 식량을 구하기 어려웠어요. 때문에 먹을 것을 찾아 돌아다니며 음식을 구할 수 있을 때 한꺼번에 먹어야 했지요. 마사이족은 보통 새벽 4시쯤 일어나 밥을 먹고 온종일 초원을 돌아다니다가 오후 3~4시쯤 한 번 식사를 해요. 이는 식량을 일정하게 구하기 어려운 곳에서 적응하기 위한 마사이족만의 적응법이라고 할 수 있지요.

## 채소를 먹지 않는 몽골 사람들

몽골은 풀이 제대로 자라지 않는 건조한 지역이에요. 고기는 쉽게 구할 수 있지만 채소와 과일은 구하기 어려운데다 가격이 비싸지요. 그래서 몽골 사람들은 주로 육식을 해요. 하지만 채소와 과일을 잘 먹지 않는 이유는 따로 있어요. 몽골의 초원에서 자라는 적은 양의 풀들은 초식 동물들이 먹기 때문이지요. 몽골 사람들은 풀들을 먹지 않고 남겨 둔답니다. 자연에서 모두가 함께 살기 위한 태도라고 할 수 있지요.

▲건조하고 무더운 기후에 적응해 살아가는 마사이족

▲건조하고 초원과 사막이 많은 몽골 지역

# 푸떡's 레시피

불을 써서 조리하지 않아도 되는 전자레인지로
쉽고 간단한 음식을 뚝딱 만들어 보아요!

## 말랑따끈 계란빵

● 재료 : 계란빵 믹스 50g, 물 30ml, 계란 1개

1. 머그 컵에 계란빵 믹스를 넣고 물을 섞어 주세요.
2. 반죽 위에 계란 한 개를 깨서 넣고,
   노른자를 포크로 5번 쿡쿡 찔러 주세요.
3. 머그 컵을 준비해 전자레인지에 넣고 2분 정도 돌려 주세요.
   아직 익지 않았다면 30초 정도 더 돌려 주세요.

**초간단 계란빵 완성!**

※ 주의 사항 : 전자레인지에서 머그 컵을 꺼낼 때 반드시 행주나 주방용 장갑 같은 도구를 이용해 안전하게 꺼내야 해요!

### 푸떡's 깜짝 퀴즈

'햄버거'라는 이름이 유래된 도시의 이름은 무엇일까요?

1. 함부르크    2. 뮌헨    3. 뉴욕

❶ : 답정

# 푸먹's 낱말 퍼즐

우리 몸을 움직이는 데 매우 중요한 에너지원이 되는 영양소로,
우리 몸의 근육이 움직이고 뇌가 생각하는 데 꼭 필요한 영양소는 무엇일까요?

| 탄 | 단 | 백 | 질 | 무 |
|---|---|---|---|---|
| 지 | 수 | 물 | 소 | 기 |
| 방 | 화 | 화 | 분 | 질 |
| 탄 | 단 | 백 | 물 | 탄 |
| 비 | 타 | 민 | 질 | 방 |

정답 : 탄수화물

**초판 1쇄 인쇄** 2024년 8월 8일
**초판 1쇄 발행** 2024년 8월 20일

**발행인** 심정섭
**편집장** 안예남
**편집팀장** 이주희
**편집** 송유진
**제작** 정승헌
**브랜드마케팅** 김지선, 하서빈
**출판마케팅** 홍성현, 김호현
**디자인** DesignPlus
**본문구성** 덕윤웨이브, 박미진

**발행처** (주)서울문화사
**인쇄처** 에스엠그린
**등록일** 1988년 2월 16일
**등록번호** 2-484
**주소** 서울시 용산구 새창로 221-19
**전화** 02-799-9321(편집), 02-791-0752(출판마케팅)

ⓒ푸먹. ⓒSANDBOX NETWORK.

※본 상품은 ㈜샌드박스네트워크와의 정식 라이선스 계약에 의해
㈜서울문화사에서 제작, 판매하므로 무단 복제 및 전재를 금합니다.
※잘못된 제품은 구입하신 곳에서 교환해 드립니다.

ISBN 979-11-6923-322-4
ISBN 979-11-6923-321-7(세트)